SOL

ÆREA | *carménère*

Dafne Benjumea

Sol

E861   Benjumea, Dafne
B   Sol / Dafne Benjumea. -- Santiago-
       Barcelona : RIL editores-Ærea | Carménère,
       2024.

          70 pág. ; 23 cm.

          ISBN: 978-84-19372-98-7

       1 POESÍA ESPAÑOLA. 2 LITERATURA ESPAÑOLA.

Ærea | *carménère*

Serie dirigida por
Eleonora Finkelstein y Daniel Calabrese

Sol
Primera edición: enero de 2024

© Dafne Benjumea, 2024

© Ærea, 2024
   www.aepoesia.com

Un sello de RIL® editores
Sede Santiago de Chile: Los Leones 2258 • CP 7511055 Providencia
① (56) 22 22 38 100 • ril@rileditores.com • www.rileditores.com

Sede Valparaíso: Cochrane 639, of. 92 • CP 2361801 Valparaíso
① (56) 32 274 6203 • valparaiso@rileditores.com

Sede España: europa@rileditores.com

Composición e impresión: RIL® editores
Diseño de colección: Marcelo Uribe Lamour
Imagen de portada: *Splendor solis*
Ilustración de interior: Rita M. Lavandera

Impreso en España • *Printed in Spain*

ISBN: 978-84-19372-98-7
Depósito Legal: B 2701-2024

Farai un vers de dreit nien
GUILHEM DE PEITIEU

This whole world's wild at heart and weird on top
WILD AT HEART, DAVID LYNCH

Grrrrrrra
      grrrrrrraaaaa

Qué grajo-diablos vienen a molestar?
Buscan la simiente desde la ventana

Llora que llora,
huérfana el día de su nacer

De escamas refulge por toda la choza
la
co
la

Y qué verde

Designio
esas alas de búho
o palmas
sobre arroyo
muestran la sombra
de un mundo azul
            exigencias
que tarde o temprano
hueso girando
            negro blanco
al aire gris
nube tormento
niebla de mis pisadas
no rocío
ni estación mejor
murciélagos como lirios
pues la verdad clavada
podrida
de rodillas: *¿qué*
aprecias de tu ir?
¿qué colores habrá
que ya no duelan? Dos
orejas puntiagudas
no en dos pies
sino en cuatro
raposo
que se mofa (jjj jjj jjj)
aprieta fauces
salta el jugo
            al lodo qué qué qué
¿esa es la mancha de mi fe?

Esta ermita es muy pequeña
o muy bruja

Tullidas sus respuestas,
ni la menos coja sirve

¿Qué quieren las rocas ahora,
tanta gresca?

Ah,
ese duende malicioso
                            allí
como mal puesto
              escupe

              larvas fúnebres,
              hilillos de cieno

La ermita ríe, que no ermita

Lleno de acacias niiiigras
no masticas, engulle, la Bestia

Sentada
mis pies
no rozan el suelo
no saben

Cada voz
            un susto
hurones
            a la fuga

Horizontal
yerma llanura
de silencio y costumbre
hasta que una salvación
parecida a una cigüeña oscura
me agaRRa con fuerza me lleva con fuerza
y mi zapatito de cuero
c
a
a
a
e

desde lo alto

Apenas se oye

El escudo se tornó negro
        y su Flor

Una carroza a lo lejos

(cataclá

            cataclá

                    cataclá

                            cataclá)

En su centro
        ¿y en el centro?

Media noche
      los ojos al venado

Aúlla la tierra de los bellatores,
nunca tienen qué decir

Pero cómo, cómo suena la muerte

Alcanzado, gracias por
el final del tedio, nunca quise seguir
            o tal vez
      parad, malditos, solo un dios
condena la hermosura

Poco importa
la res acostada
corona de espinas en su testa
                 angelito que allá vuela

Hablaban ante su jaula
tititiene frío

     Desgraciado

Cuanto cantó
albores me parecieron

Rugidos
     grotesco glotón

Alas, la alimaña,
para sufrir como nosotros
pese a divino

A veces
sin un porqué
dejo los frutos de lado
y recojo las piedras más pulidas,
secretos de criadas

Me confunden a la noche
      un color
            y otro
otra voz y una
en el cesto

Cruzada de niños

Leprosa
en mitad de un templo en ruinas

Luna menguante

El fuego ridículo,
　　　la Liebre:

　　　¿Ceniza como madrigueras?

No importa, mañana lloverá
　　　áspero

Adiós
　　　adiós

¿Cómo va a sonar esta flauta negra
mal tallada?

Insuflo aire en los pulmones

Coro
        de mudos
cantan con el *cor*
tan calladamente
desde mi púlpito

El salmo suena
y el cuchillo

Crucero en la noche
donde lloro
y lloro

Abrirá el pico
caerá la canción arcana
como moneda de todo ciego
y rodará por las
rendijas de la era
allí en su fondo
fuego líquido placer
gota a gota

Si yerra
oirá el falso acierto
tocarán su nombre
en las danzas de los altos muros
alzarán su manto
pero al tiempo
sus sueños
lo que nunca dijo
magma el ojo del cordero
por la línea de la mano o
muñón

Señor Cuervo:

Son los siglos una luna oscura
que cabe en la cajita de mi ambición

Cazo con estacas y no quedan carpinteros;
a la cabeza del gusano, en su lodo,
                                        apunté

Oh, herir sin dudar,
pues yo soy la Gran Herida del mundo

Ruedo por la montaña que dejas tras de ti

¿Qué línea te bendice?
¿Qué agua tan oculta baña tu cuerpo de argento?

Que sí,
        que vas recogiendo rosas blancas
pero no son flores, son la color de mis
angelitos mirarte

¿Sabes?

En mi rosario ya no caben más cuentas

Alimento
irá cantando bajo la tierra

1 2 3 4   1 2 3 4 5 coles

De las bayas ni hablemos qué
coloradas Acaloradas las moradas

Será bonito el estilo
del sauce del riachuelo, será

Una baya hacia el aGua

Círculos blancos blancos y dorados

Qué
   dime
¿no puedes cultivar
en los días algo de manzano y peral?
Mejor así
   así estás despierto y vas suavemente por donde te adoré

¿Ves?
   Ya cierras ojos
como siempre, criatura,
no ves
   ves
nada
   apenas las magnolias que planté con formas de deseo

Ah, sí, abres un ojo
caen de un árbol mil secretos
pues tú, cobarde,
   eres más tú en mis tierras

Dos, ahora son dos,
animalillo interesado,
   que no
que no te llevaré a la choza
   que no recogeremos la leña (la última vez ya sabes qué
pasó)

   Pasó el fuego
y el agua
   nunca el no, vayamos, sí, vayamos
a la Alta colina
   por donde te adoré y en los cuatro,
   un cielo

Los monjes abren el libro
qué tapa pesada esta
una arañita-signo
hasta la linde de la
alcoba

El niño que mira
la indómita calidez
de esas manos
albugíneas
hoja tras hoja
quisiera ver su interior
nunca se sabe
¿un enigma
puede tanto?

Desobedecen
al silencio,
pues señalan
con la capucha bajada
el dibujo de una tumba

Crisantemos, qué crisantemos

La caña de pescar
al cielo:

¡Cuidado, ahí va!

Presurosamente brota
un tallo de la tierra

No tallo
sino tronco,
un pez volador que se posa

Come de él

[✧]

Bendice
    el aire
al reino

La insidiosa abubilla
uiiii
        uiiiiiii
siempre dentro de aquí

Hastiado
    compungido
        com'è?
    ido ido
bien
    ido
        ¿sai?

Esta canción
    tu deseo
himno
    líquido

[☾]

    Amor,
tu color el albino

Ámame el seno
qué bueno
    qué bueno tenerte

componer en el verdor
    a estas

Digo
        di
oigo
        tu dirrr

lo abrazo

La cuerda en que te posas
mi luz
        mis míes
                mi mar

Si tuviera un corazón en casaseno
        qué
                ritmo sonaría
si tuviera un hemistiquio entre pulmones
        qué
                sueño cantaría

Oh, dime
dime
        que tu trobar es puro

En la ínsula menor
un pez en la tierra
ligeramente

cavaba y cavaba con su gran Cola

Merecerá la pena (qué pez)

Merecerá la pena

    glub glub

De la noche
un árbol
al hoyo cayó

Sus frutos
brillaban y brillaban

La Isla
La Estrella

Una filita de monjes que tropiezan entre sí
     auch ay pam chiss aaah
y la urraca que lo ve desde la rama
     jijijijiji
así
      la oración errada, la vigesimocuarta flecha que no llega

      Esperar no es para todos

Mi muslo, entre el vestido rasgado

pobre

        bella

pero

Rendidos nacieron sus
     cánticos

Entre juncales
         amigos

Las cántaras de arroz
     cuida que no
rompan

     Pues sabes velar
come l'aria

     bocanadas
de algodón

tú
     que tan dulcemente
remas
     y remas

Que el camino es largo

Por los días en la tupida hierba y el mantel
peras cocidas
                o crudas
vino cortado con agua
blancos quesos

agitar de cuencos, laúd

Lo frugal naciendo de sus labios

El dedo perlino hacia abajo
desde un cometa

Estudia la doncella
las distintas formas de lo aéreo:

petisilvo
      agujillo
           cenisquín

Se posan en mi hombro
y les doy de comer
semillas de deseo

Una a una
picotean a saltitos
hasta la última

Entre nubes ya, sus alas
      sus alas
garabatean

Pero no leo nada,
y del fracaso abro la mano
semillas al suelo

Durante milenios las contemplé

Ni un brote

Tuyo el soplo del espino blanco,
hasta el firmamento que llega

De él mi anular
baja
       en espirales

      pul
so tu pecho

El lino cambia de color

[✦]

Son los ríos en el río
flumencillo
la chocita
azur
            azulejos de
mezquita en tus ojos
no son peces
únicamente

más bien
dos arándanos marinos
profetizan
caben en el solar de tu pare
aquel que puebla el pueblo

pacífico, elástico
poco árido yo
pero ven, oh ven
mocita mía
amor de mis amores

que este siervo
sea tu manto
la pulpa extrema
de tu viraje

[☾]

Granitos palmos bajo tierra
recojo por ti
para moler todos
con mi cuerpo
qué molinera soy

estas manos que saben
rodan rodan ruedan
las seco en mi zamarra
hasta que aparece tu nombre
ves?
            en cereal tus voces

para contenerte,
sí

Hará ya
          por aquella frondosidad
cuando el muro y la cárcava se miraban
y el clérigo recogía manzanillas o las soñadas:
          1. echo de menos a mi madre, en su barca irá
          2. prepararé dulzor por la tarde y también queso
          3. esta no tiene blancores
          4. por las noches oigo voces entre pasillos
          5. mi madre, mi madre, ay
          6. a veces una estrella es todo
          7. o esta otra margarita
          8. quizás

Acariciaba las crines de mi caballo
al beber
          bajo el arce

¡Un símbolo!

El hombrecillo listo qué listo que lo oyó
detuvo su quehacer

Tlá Tlá Tlá

Cerró fuertemente la puerta

Y el monasterio
no sé cómo
levitó

Sin florecillas

Minúscula boca
en su decir tanto

Mechones
          en la orilla,
tan mío este mal
que ya nadie recoge

Como suspiros las hojas
como suspirrsss

¿Y me llamaron canción?
¿Soy el lago?

En la gruta
su boca grota
obedece por momentos
no solo por sombra
o deseo,
que posee una pena
tan grande
como la propia gruta

Convierte
sus noches en día
pensar es
una antorcha
que alumbra,
y en la lumbre
espera la mañana

Entonces sale al exterior
tan desnudo y salvaje

Dirá
una sentencia severa
cruel a sí
      dolerá
y al tiempo una anémona de su boca
una calandria
justo ahí
         lejos
                    la pierde de vista
         cerca
el giro
         del molino celeste
donde se cuelga de un aspa

Lanzaba manzanas al manantial,
　　adoraciones contenidas

Salían por otro lado,
　　allá por el pozo del labriego

34
　　　35
　　　　　　36

luciérnagas

Canturreaban letrillas los niños:

Ay del matorral si te viere
si te viere

El yoyó:
      arriba
abajo
             abajo
      arriba

La panadera al igual
a su masa, obra clara y placera

Oraciones funerarias,
        ado vas, pájaro?

En lllllllamas
piedra madre grabada sin ley

¿Qué nos otorgas?

Ay del corazón del campanario
asomado por las dulces vidrieras

Sus destellos de colores
sobre el lomo plateado de los gamos,
que tranquilamente pacen, pacen

Un volcán tras ellos, tres deseos

La corona amarillo chillón
brinca sobre el cojín del herrero

Todo se vuelve dorado

Toc toc toc

La puertecita de la cabaña

—Por mi hijo estoy
—Sois Uno, insisto

Le ofrecí
el sol entre mis manos

El Rey

[✧]

¿Pensará ella en el tiempo?
¿El árbol santo le habrá negado mis
deseos?
            Que la quiero la quiero
sin mesura, en la hierba, en el cielo

[☾]

Echada
en él o
debajo de él
ante el mundo
¿Detendrá todo el vendaval
de mis cavilaciones?

[✧]

Que me enlace y me estreche,
                        amor es

[☾]

Que me enlace y me estreche,
                        amor es

Beben Uno

Y el avesatélite
se lleva la cruz como ramita a su nido
al repicar de las campanas, evita así
que toda la tierra se queme

Materialidad, vitalismo y trascendencia en la poesía de Dafne Benjumea

Francisco León

No es casual que Dafne Benjumea abra su libro bajo el escudo de Guillermo El Trovador y, en concreto, bajo el emblema de su más célebre verso: «Farai un vers de dreit nien», que ha sobrevivido engastado como un rubí secreto en el anillo de la tradición y no sólo como ejemplo de la radicalidad alcanzada tempranamente por la poesía trovadoresca a principios del primer milenio de nuestra era, sino muy especialmente, en el marco de nuestra lírica moderna —o, mejor dicho, en cierta veta de nuestra lírica moderna— como epítome de la poesía de imaginación e de ingenio.

El origen moderno de este epítome —y cuanto ello desencadena en el campo de la composición— puede rastrearse en Ezra Pound, el *meglior fabbro*, según T. S. Eliot, en tanto que uno de sus más altos mercurios contemporáneos encarna en la poesía del brasileño Haroldo de Campos, el último vanguardista de estirpe crítica de la tradición occidental. En medio se extiende toda una galaxia mágica y cada vez más olvidada de poetas entregados a una filosofía de la composición férrea y solitaria: una filosofía compartida aquí por Dafne Benjumea que contempla en la *sola palabra* la carne viva de la poesía y en el signo lingüístico un espectro de la significación más amplio y profundo que al que acostumbran a manejarse muchos poetas actuales.

Ignoro, en este sentido, cuán conocida es entre los jóvenes la anécdota que presenta al pintor Degas conversando con Stephan Mallarmé sobre la composición poética. Recordémosla un momento: Edgar Degas, amigo del poeta, tiene buenas ideas, explica, para componer algunos poemas, pero no le salen. Mallarmé toma la palabra y afirma que la poesía no se hace con ideas, sino con palabras. Degas, en realidad, no tenía ideas: había registrado seguramente un abanico de emociones y sentimientos dignos a su juicio de ser poetizables, pero el poema no puede ser cincelado sobre tales materiales: ideas y emociones. El único material posible del poema es la palabra, la sola palabra.

¿Qué se quiere decir con esto? Expliquémoslo con un aserto del Haroldo traductor, padre de la transcreación: no se traduce el significado si es que se desea rehacer un poema en la lengua de llegada, se ha de traducir el signo. Y del mismo modo que no se traduce solo el significado, sino el signo completo, su significado y sobre todo su materialidad, el poeta creador tampoco trabaja con los significados, sino con los signos en su completud, pues el signo es el receptáculo de la unidad de sentido y de materia. Es esa unidad el nudo donde reside lo numinoso. Tal es la lección histórica de la palabra mallarmeana, mil veces olvidada por nuestros contemporáneos y, me temo, en gran parte de la poesía última o actual que, a fuerza de olvidar las claves de nuestra tradición antigua e inmediata, ha caído en la rueda asfixiante de una subliteratura de autoayuda emocional desprovista de gracia, sin ingenio, sin imaginación. Por ello hay que celebrar que una joven poeta, en las descorazonadoras circunstancias actuales, consiga reorientarse hacia lo profundo y sea consciente de la necesidad de prestar concentrada atención a los materiales diversos de que está formada la palabra; que no solamente son los materiales sonoros y semánticos, también los materiales de la memoria y de las simbologías adheridas a ella, la memoria segunda de las palabras, como bien veía Barthes. Benjumea demuestra en este libro alquímico el modo natural en que se ha insertado en la estirpe mallarmeana, que son los descendientes, en realidad, de Guillermo el Trovador.

El poema no se reduce únicamente a un escrito u ocurrencia que refleja ideas sorprendentes o emociones viscerales del yo. La operación lírica siempre va más allá de una cosa y de la otra. El poema trasciende los límites intuidos por el propio poeta en el acto de la composición, y si esto se cumple siempre de manera indefectible, es por el hecho de que en mayor o menor medida, el poema también significa, y con enorme potencia, con su materialidad, y a veces, en casos extremos —casos experimentales—, hasta el punto de que el fondo nocional del poema está a punto de carecer de sentido; y justamente es ese *estar a punto de carecer de sentido* —como dice Derrida— el verdadero sello de la poesía.

El oficio del poeta, por tanto, consiste en suscitar —*sugerir*, diría Mallarmé— en el intelecto las realizaciones íntegras correspondientes a las intuiciones imaginarias que las han causado. No se trata de una cuestión sencilla, máxime si tenemos en cuenta que dichas realizaciones —hacer real lo imaginario es, sí, el corolario de la poesía— ha de hacerse por y en el lenguaje. Se trata del desvelamiento una suerte de enigma, y creo que situarse en consciencia por debajo de esa exigencia, significa que no se ha comprendido bien el fenómeno basal de la poesía o no se pretende hacerla, sencillamente.

Guillermo el Trovador escribe:

Farai un vers de dreit nien:
non er de mi ni d'autra gen,
non er d'amor ni de joven,
ni de ren au,
qu'enans fo trobatz en durmen
sus un chivau.

Es decir:

Haré un poema sobre absolutamente nada:
no sobre mí ni de otra gente;

no sobre amor ni juventud,
ni de cosa alguna,
habrá sido trovada mientras dormía
sobre un caballo.

La ideología poética que subyace en este fragmento toma como punto de partida una triple anulación. Y es una triple anulación, sin duda, presente en el trabajo de Dafne Benjumea. En primer lugar, la anulación elocutoria del ego —*non er de mi*—, que es también una idea mallarmeana axial en la poesía moderna. En segundo lugar, el desplazamiento del objetivo lírico a un horizonte situado más allá del mero espacio social o «real» —*ni d'autra gen*—. En tercer lugar, además —ahí es nada—, se pretende eliminar la ganga de la emocionalidad, en este caso la emoción de los enamorados: no será un poema ni de amor ni de juventud. En cuarto lugar, más que de una supresión debemos hablar de la fulguración de cierto tono de ironía ingeniosa, de sutil toque de humorismo: trovar un poema a lomos de un caballo.

Conculcados tales elementos, ¿qué le queda a la poeta? Es obvio: el único material poético que se da a sí mismo todo poeta para *farai un vers*: el lenguaje mismo, la pura materialidad de que está compuesto el poema. Eso y el ingenio compositivo, por supuesto, pues ha de ser un poema trovado como a través de un sueño.

En «Minima Moralia», uno de los poemas de *La educación de los cinco sentidos*, Haroldo de Campos toma la empresa de El Trovador y la lleva a otro nivel, que es, creemos, la realidad final y secreta del poema del trovador:

ya hice de todos con las palabras
ahora quiero hacer de nada

Como El Trovador de Aquitania, Haroldo pretende fijar el objetivo de su trabajo lírico más allá del espacio la comunicación racional, de la comunicación de lo sensible o de lo puramente sensitivo, de lo que apreciamos por los sentidos de nuestro yo. ¡Cuidado, porque el hacer un verso de nada o con la nada no puede entenderse como mero rodeo especulativo o como vacío juego de palabras en que se regodea el poeta que nada tiene que decir o que pretende resultar oscuro y enigmático! Es todo lo contrario. Para empezar, el título del poema haroldiano nos envía a Th. W. Adorno, que en su *Minima moralia* afirmaba que en la obra creativa los significados del concepto o de la idea son puramente accidentales. Suelen ser mayoría, sin embargo, quienes se regodean en ideas trilladas pensando que las ideas dadas por la realidad y la experiencia poseen en sí mismas un valor estético.

Partir de la nada no es un regodeo ni una burla ni una huida de lo real. Es un acto de fe sustanciado, casi siempre, en conocimientos mayores a la realidad y las experiencias completas. Tampoco es casual, en este sentido, el trasfondo alquímico presente en este libro. La expresión poética de la transformación alquímica del ser —transformación, vuelo, elevación espiritual de la que en *Sol* se da cuenta— resulta, en palabra de C. G. Jung, «una tarea que puede conducir a la duda, pues uno se ve obligado a encontrar expresiones y fórmulas para un proceso que tiene lugar *in Mercurio* y no en el nivel del pensamiento y del lenguaje humanos, esto es, no en la esfera de la conciencia diferenciadora...».

La expresión lírica es llevada en este cuaderno de poemas a todos sus límites. Hacer un poema de nada entraña estos saltos cualitativos. No hay más que recordar lo que afirma en *Filosofía y poesía* María Zambrano para comprender la dimensión de este salto. Para la filósofa, la palabra poética se arrojó al abismo para sacar «de la nada a la misma nada y darle rostro y nombre». Se trata de un espacio radical, la nada, una nada superadora de ideas y nociones —que suelen ser, en la poesía mayoritaria, una repetición de colmos archisabidos—, en el que el poema tiene la posibilidad de germinar de nuevo más allá de los convencionalismos, más allá de los automatismos que impone en los procesos de la composición las instituciones de la idea y la noción, de la realidad y las experiencias demediadas. En su trato con la nada germinadora, en cambio, ya liberado de estas instituciones, el poema se abre de modo consciente a una dimensión poderosa que lo sitúa más allá de los niveles de la significación lógica o racional o incluso moral.

Es precisamente ese hacer un verso de nada o ese sacar la nada de la nada misma lo que convierte la actividad lírica en un trabajo autocrítico y humilde, un trabajo de exploración cuyo primer paso consiste en transformar la naturaleza del poeta, del escritor; o mejor dicho: de la criatura humana que hay en ellos. ¡Cuántos no hay que pretenden hablar, casi gritar, como criaturas y no como poetas, esto es, no como el desposeído rimbaudiano que debería ser, sino como experto poseedor de todas las verdades de una rehumanización y moralidad falsas o abstrusas!

Para convertirse en poeta, que es cosa transitoria y milagrosa, y escribir poesía la criatura debe bajar a su abismo, donde ha de hallar su nada y permanecer en silencio y escucha, en estado de apertura heideggeriana, con el fin de que a su través surjan las realizaciones plenas del lenguaje lírico.

A parte de José Ángel Valente, quien mejor ha definido esta función fundamental de la criatura humana que desea convertirse en poesía —desgraciadamente hoy olvidado— es Francisco Pino: «El poeta labora contra sí; ofrece un contra sí, y no puede hacer posible nada más que a través de su incendio... Por eso el poeta no comunica nada; se manifiesta encarnado en llamas, enllameado. El que comunica entrega algo de lo que posee, ¿posee algo el poeta?».

Dafne Benjumea, que también es una lectora devota de Pino, como de Haroldo de Campos o de Dickinson, lo que la hace sutil y esquiva, orientada en su propia luz, sabe que no posee nada el poeta, la poeta, sino el don de servir con obediencia de puente transmisor entre los mundos; y sabe también que cuando en sí la poeta realiza esa operación de retracción y escucha, cuando realiza ese incendiarse, del poema surge un vasto mundo de posesión y entrega. Todo es entregado por el poema, la posesión imaginaria completa, que es sentido y materia, que surge desde lo profundo y se realiza sobre las páginas como un milagro. Habla no una voz humana —ojo: tampoco inhumana—, entonces, no el yo elocutorio con sus resistencias, prejuicios e insolencias, sino la voz del mundo que es en sí misma el mundo en todas sus dimensiones.

No sabemos, así, por milagro y acierto de su autora, quién nos habla en el libro *Sol* de Dafne Benjumea, ¿un grajo medieval, una urraca, una pastora? Ni hace falta saberlo en realidad, que es lo más milagroso, pues, como parece que debe ser, la nada emergida viene a su vez de un nadie inasible. No es criatura, sino tal vez la nada estremecida que ha sido sacada de su nada misma y se queda en la claridad chisporroteando. Y por eso, el tipo de belleza que se realiza aquí, que queda realizada aquí, bajo la luz feroz de este *Sol* antiguo, de sabor y olor medievales, es del tipo de belleza que amedrenta al lector avezado —que es lo mismo que decir rendido— a las estéticas establecidas y preestablecidas por las modas y la desorientación.

Es el tipo de belleza poética —ojalá me equivoque— que en la vida que llamamos consciente y real y, más precisamente, en el espacio literario contemporáneo, está condenada de antemano, porque representa un *contra sí*. La condenación colectiva de esta belleza venida desde lo hondo de la nada misma, desde la potente luz autocrítica de un verso hecho de nada, forma parte, sí, de la fenomenología de la cultura contemporánea, y poco puede hacerse a este respecto. Pero conviene saber —conviene que sepamos— que este tipo de belleza se ha convertido en inaceptable porque aún hoy en nuestros espacios culturales, más por ignorancia que por superación, y sobre

todo en nuestros espacios líricos resulta demasiado trans-
gresora e inquietante. Es, de hecho, un animal puramente
transgresor y salvaje. Y como belleza salvaje que es, como
belleza aterradoramente candorosa, como la de una niña
cruel que solo atiende a su gran juego, nuestros contem-
poráneos sentirán más la amenaza de su salvajismo que su
genuino gesto de trascendencia y espiritualidad. He aquí
su sino y su salvación.

Tenerife, 25 de diciembre de 2023

Índice

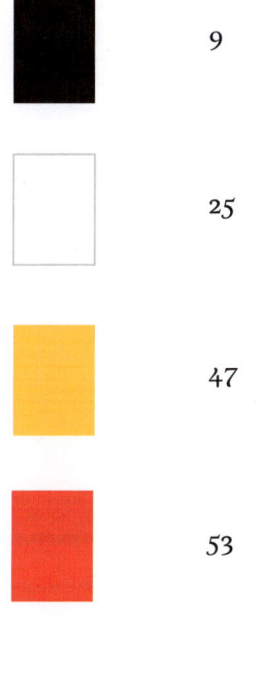

Este libro se terminó de imprimir
en enero de 2024

RIL® editores • España

europa@rileditores.com

Se utilizó tecnología de última generación que reduce
el impacto medioambiental, pues ocupa estrictamente el
papel necesario para su producción, y se aplicaron altos
estándares para la gestión y reciclaje de desechos en
toda la cadena de producción.